KB211866

모금의 영성

A SPIRITUALITY OF FUNDRAISING

A SPIRITUALITY *of* FUNDRAISING

모금의 영성

헨리 나우웬 | 김한성 옮김

포이에마
POIEMA

모금의 영성

헨리 나우웬 지음 | 김한성 옮김

1판 1쇄 인쇄 2018. 1. 16. | **1판 1쇄 발행** 2018. 1. 23. | **발행처** 포이에마 | **발행인** 고세규 | **편집** 강영특 | **디자인** 홍세연 | 등록번호 제300-2006-190호 | **등록일자** 2006. 10. 16. | 서울특별시 종로구 북촌로 63-3 우편번호 03052 | 마케팅부 02)3668-3260, 편집부 02)730-8648, 팩시밀리 02)745-4827

값은 뒤표지에 있습니다. ISBN 979-11-5809-077-7 03230 | 독자의견 전화 02)730-8648 | 이메일 masterpiece@poiema.co.kr | 좋은 독자가 좋은 책을 만듭니다. | 포이에마는 독자 여러분의 의견에 항상 귀를 기울이고 있습니다.

이 도서의 국립중앙도서관 출판시도서목록(CIP)은 서지정보유통지원시스템 홈페이지(http://seoji.nl.go.kr)와 국가자료공동목록시스템(http://www.nl.go.kr/kolisnet)에서 이용하실 수 있습니다. (CIP제어번호: CIP2017035529)

모금컨설팅을 업으로 하는 사람으로서, 모금을 '필요악' 쯤으로 여기는 그리스도인들을 많이 만난다. 이런 태도를 가진 이들이 이끄는 선교단체, 비영리조직들이 모금을 대하는 태도는 이중적이고, 거칠다. 모금의 원리를 성경에서 찾으려 하지 않고 이런저런 세속적인 테크닉들을 자신 없이 가져다 쓰면서 미안해한다.

모금이라는 과제를 앞에 두고 당혹스러워하는 이들에게 헨리 나우웬의 이 책을 십수 년 전부터 소개했다. 그들에게 빛이 던져지는 것을 보았다.

헨리 나우웬은 모금을 '하나님의 일', '사역'으로 여긴다. '모금을 활용하는 믿음의 방법faith method'이 있다면 우리는 그 성경적 원리를 탐구해야 한다. 헨리 나우웬의 이 책은 그 출발선으로 우리를 이끈다. 그는 여기서 나아가 '회복으로서의 모금'을 이야기한다. 남을 돕는 행동을 삶에 두신 하나님의 깊은 뜻으로 우리를 이끈다. 모금과 자선의 영역에서 일하는 이들뿐만 아니라 모든 크리스천 젊은이에게 권하고 싶은 책이다.

_ 최영우(도움과나눔 대표)

이 글들은 지혜로운 신학자의 고상한 단어들보다 훨씬 더 의미가 깊다. 생각을 일깨우는 이 작은 책은 근본적으로 모금이 무엇인지를 신실하게 일깨워준다. 모금가로서 내가 걸어온 여정의 소중한 동반자이다.

_ 헨리 B. 프리먼 (H. 프리먼 어소시에이츠 대표)

이 책은 모금이 사역의 한 형태이고 기부자와 모금가 모두에게 깊은 영적 경험이 될 수 있다는 진리에 대한 간결하면서도 강력한 증언이다. 내가 모금하며 경험했던 것들을 너무나도 잘 표현하고 있는 이 책을 적극 추천한다.

_ 데이비드 히트랜드 (게렛 복음주의신학교 부총장)

나우웬은 나무랄 데 없는 통찰력으로 모금이 기관들과 사람들에게 줄 수 있는 변혁적 영향을 전한다. 그는 '기부자가 대상이 아니라 주체일 때 돈은 사명을 따라온다'는 사역으로서의 개발에 대한 설득력 있는 가르침, 그 진귀한 선물을 우리에게 주었다.

_ 켈리 A. 로빈슨 (전미교회운영지도자원탁회의 사무총장)

우리를 만드시고 유지하시고 인도하시는 하나님의
친밀한 사랑을 체험할수록, 우리는 그 사랑에서 나오는
수많은 열매를 더 많이 발견할 수 있다.

– 헨리 나우웬

서문

어느 날 사역으로서의 모금에 대해 강연하던 헨리 나우웬은 로비에 임시로 설치된 도서 판매대에서 자신의 최근 도서들을 판매하고 있다는 것을 알게 되었다. 그는 이 판매대에 자신의 책을 조금 더 갖추어놓는 것이 좋을 것 같다고 생각했다. 그래서 점심시간에 가까운 서점에 들러 직접 책을 사기 위해 건물을 나섰다. 자신의 차로 향하는데 어떤 청년이 다가와 프랑스에 있는 자기 집에 돌아갈 수 있도록 차비를 좀 달라고 말했다. 늘 그랬듯이, 헨리는 그에게 말했다. "내 차를 타고 나랑 같이 갑시다. 그리고 당신에 대해 말해주세요."

같이 차를 타고 가면서, 이 젊은이는 캐나다에서 직장을 구하고 싶었는데 얻지 못했을 뿐만 아니라 집으로 돌아갈 돈도 없다고 자신의 처지에 대해 설명했다. 이 청년은 그날 저녁에 프랑스 파리로 돌아가는 항공권은 겨우 구했지만, 파리에서 프랑스 남부에 있는 집까지 갈 돈이 없었다. 서점에서 책을 사서 강연장으로 돌아온 헨리는 이 젊은이와 헤어질 때 그에게 200달러를 주고, 집에 도착하면 소식을 전해달라고 요청했다.

그날 늦게, 강연을 마치고 강연장을 떠나려는 그에게 로비에서 책을 판매했던 직원들이 헨리의 도움에 감사하다면서 작은 편지 봉투를 건넸다. 이 봉투를 열어본 헨리는 감사 카드와 함께 200달러짜리 수표를 발견했다.

후한 베풂은 또 다른 베풂을 가져온다. 후한 베풂이 관계라는 옥토에 뿌리를 내리면 그런 일이 더욱 퍼지게 된다. 언제나 성령 충만하고 열린 마음으로 다가갔던 헨리는 자신이 만나는 사람들과 어떤 지점에서 관계를 맺어야 할지를 찾았다. 헨리가 돈을 너그럽게 나눌 수 있었던 것은 그 자신이 돈보다 훨씬 많은 것을 가진 관대한 사람이었기 때문이다. 진정한 관계를 맺고 싶다는 그의 갈망은 다른 사람들에게 이런 바람을 불러일으켰고, 그 결과 그는 자신의 시간과 관심과 돈을 후하게 나누는 사람들을 만났다.

많은 면에서, 기부할 수 있는 수단과 열린 마음을 가진 헨리는 넉넉하고 후하게 베푸는 사람이었다. 그 역시 자신이 열정과 관심을 가진 일들을 하기 위해서 자금을 조달해야 했다. 한마디로 그는 모금의 양쪽 면을 모두 경험한 사람이었다. 그는 다른 사람에게서 기부 요청을 받기도 했고, 그가 하는 다양한 사역에 필요한 자금을 조달하기 위해 다른 사람들에게 도움을 요청하기도 했다. 모금에 대한 그의 비전은 그가 양쪽 면을 실제로 다 경험해보았기 때문에 더 풍성해졌다. 그리고 그것은 그의 개인적 경험에 머무르지 않고 모두에게 적용될 수 있는 보편적인 영성으로 확장되었다.

많은 사람들은 모금의 개념을 "영적인 일들을 위해 필요하지만 썩 달갑지는 않은 활동"으로 이해한다. 헨리 역시 처음에는 모금을 그런 차원으로 이해했다. 하지만 그에게는 사역과 삶에 대한 확고한 영적인 동기가 있었고, 그의 열정은 모금에 대한 그의 영성을 더 깊은 곳, 더 멀리까지 자라도록 이끌었다. 결국 그는 "모금은 다른 어떤 것보다 중요한 사역의 한 측면"이라는 것을 자신 있게 말하는 단계에 이른다.

이 짧은 책에서 헨리는 하나님나라를 향한 뜨겁고

열정적인 마음을 보여준다. 그는 하나님의 영에 의해 동기를 부여받은 모든 사람들에게 그들의 모금 사역을 새로운 시각으로 볼 수 있는 안경을 제공한다. 그럼으로써 모금을 자신의 사명을 이루는 데 꼭 필요한 사역으로 볼 수 있도록 도와준다. "모금은 설교하고, 기도하고, 환우를 방문하고, 굶주린 사람들에게 음식을 제공하는 것만큼이나 영적인 행위이다."

사역으로서 모금은 선포와 초대와 함께 회심을 포함한다. "모금은 다른 사람에게 우리의 비전과 사명에 참여할 수 있는 기회를 제공함으로써 우리의 믿음을 선포하는 행위이다." 헨리는 모금을 선포하고 여기에 초대하는 행위에는 회심에 대한 도전적인 요청이 포함되어 있다고 믿는다. 그것은 모금을 하는 사람과 기부하는 사람 양쪽 모두에게 해당된다. "모금은 언제나 회심하라는 요청이었다." 모든 사람은 자신의 필요와 자원에 맞게 새롭고 좀 더 영적인 관계를 세우라는 부름을 받는다. 헨리는 재정 지원을 요청할 때 미안해하지 말고 좀 더 확신을 갖고 기뻐하라고 모금하는 사람들을 격려한다. 이 비전을 통해서 모금가들뿐만 아니라 기부자들 역시 훨씬 큰 영적 비전과 열매 맺음의 일부가 되기 때문이다. 그뿐만 아니라 다른 사람들과 새로운 친교에 참여할 수 있다.

헨리 나우웬 협회Henri Nouwen Society와 다락방 사역Upper Room Ministries은 그동안 유익한 관계를 맺어왔다. 이 프로젝트와 아이디어가 출판되기까지 우리가 경험한 전 과정은 사역, 비전, 요청하기, 기부하기, 기부받기에 대한 이 원고의 영적 메시지가 참으로 신뢰할 만하다는 것을 증명한다. 정말 많은 사람들이 이 책을 만들기 위해 함께 수고해주었다. 그들의 이번 투자가 수많은 개인들과 기관들의 모금 비전과 실천에 영향을 주어 더 큰 결실을 맺을 거라 믿어 의심치 않는다.

수 모스텔러
헨리 나우웬 유산 신탁

1992년 9월 16일, 헨리 나우웬은 마르그리트 부르주아 가족 봉사 재단에서 모금에 대해 이야기했다. 그것은 비공식적인 강연으로, 그는 원고도 없이 편하게 진심을 담아 자신이 느낀 것을 말해주었다. 다행히 이 강연은 녹음되었고, 조금 편집되어 글로 옮겨졌다. 이따금 이 강연의 내용은 모금을 필요로 하는 개인들과 기관들에게 제공되었다. 헨리가 명확하게 정리한 모금에 대한 새로운 비전은 긍정적인 반응을 일으켰다. 이 때문에 헨리의 출판 관련 법정 유언 집행자인 수 모스텔러는 이 글을 좀 더 많은 사람들에게 소개하는 방법들을 고려하게 되었다.

막 출범한 헨리 나우웬 협회는 기금 마련에 사용할 수

있도록 이 책의 원고를 선물로 기부받았다. 2003년 4월, 나는 이 원고의 출판을 준비하던 나우웬 협회로부터 전화 한 통을 받았다. 이 협회는 헨리와 나와의 특별한 관계 때문에 내게 연락했다. 예일 대학교에서 박사 과정 중이던 5년 동안 나는 헨리의 교육, 연구, 편집 조교로 일했다. 헨리는 나의 멘토이자 친구였다. 그 덕분에, 내가 24년 동안 편집했던 정기간행물인 〈베틀 짜기Weavings〉는 한편으로는 이 시대성을 놓치지 않고 반영하려 하고, 다른 한편으로는 헨리가 너무나도 아름답게 구현한 영적 비전을 적용하려 노력하고 있다.

헨리는 자신의 아이디어가 확장될 필요가 있거나 글이 전환되는 부분에서 정교한 다듬기가 필요할 때, 내가 자유롭게 내용을 추가할 수 있도록 자주 허락해주었다. 나는 이 자유를 여기서도 사용했다. 사랑의 수고는 공동체를 부른다는 말이 있는데, 이 프로젝트는 이 진리를 증명했다. 나우웬 유산 신탁의 네이선 볼과 수 모스텔러는 이 책을 출판하는 데 여러 모양으로 수고했다. 매우 바쁜 일정에도 불구하고, 수는 시간을 내어 서문까지 써주었다. 웬디 그리어와 로버트 더백은 이 책의 여백에 들어갈 인용구들을 헨리의 다른 저서에서 골라주었다.

피어슨 앤드 컴퍼니의 리사 피어슨, 일레인 고, 수 스미스는 헨리의 삶과 믿음처럼 매력적이며 호감이 가는 표지를 디자인해주었다. 패멀라 호킨스는 편집자의 꼼꼼한 눈으로 원고를 검토해주었다. 다락방 출판사의 로빈 피핀은 전 과정이 부드럽게 진행되도록 이끌어주었다. 마지막으로, 나는 독자 여러분에게 감사드리고 싶다. 여러분은 사역으로서의 모금이라는 헨리의 비전을 받아들이고 헨리도 거의 상상하지 못한 방법으로 이것을 실천하고 있다.

존 S. 모갑갑
다락방 사역

사랑을 추구하라(Make love your aim).

(고전 14:1)

모금을 영적인 관점에서 고려하는 경우는 좀처럼 없다. 우리는 모금을 영적인 일들을 위해 필요하지만 달갑지는 않은 활동으로 생각할 수 있다. 또는 모금은 우리가 제대로 계획을 수립하지 못했음을 보여주는 증거이거나 우리의 모든 필요를 하나님이 예비하실 것이라는 우리 믿음을 보여주는 것으로 생각할 수 있다. 사실, 모금은 종종 어떤 문제에 대한 대책으로 만들어진다. 갑자기 우리 단체나 믿음의 공동체에 재정이 부족해지면, 우리는 이렇게 말하기 시작한다. "필요한 돈을 어떻게 구하지? 아무래도 기부를 요청해야겠어." 그러나 정작 우리 자신이 이 일에 익숙하지 않다는 사실을 깨닫는다. 우리는 이 일을 왠지 낯설고 당혹스럽게 느낀다. 갑자기 염려하고 의심하기 시작한다. "과연 누가 우리에게 돈을 줄까? 사람들에게 어떻게 기부를 요청하지?"

1

사역으로서의 모금

A SPIRITUALITY *of* FUNDRAISING

사역은 무엇보다도 우리가 섬기는 이들로부터
하나님의 축복을 받는 것이다. 과연 이것은 어떤 축복인가?
하나님의 얼굴을 어렴풋하게나마 보는 것이다.

– 《여기 지금 우리와 함께하시는 하나님》

복음의 관점에서 보았을 때, 모금은 어떤 문제에 대한 대책이 아니다. 모금은 무엇보다도 사역의 형태를 띠어야 한다. 우리의 비전을 소개하고 다른 사람들을 우리의 사명에 초대하는 방법이 되어야 한다는 말이다. 비전과 사명은 하나님 백성의 삶에서 핵심이다. 우리는 비전을 잃으면 방자해지고 사명이 없으면 방황한다(잠 29:18; 왕하 21:1-9). 비전은 우리의 필요와 우리가 가진 자원을 연결해 필요를 채울 수 있도록 돕는다(행 9:1-19). 또한 비전은 우리가 사명을 이루어나갈 수 있도록 새로운 방향과 기회를 보여준다(행 16:9-10). 비전은 침묵하고 싶어하는 우리에게 말할 수 있는 용기를 준다(행 18:9).

모금은 우리의 비전과 사명에 참여할 수 있는 기회

를 다른 사람에게 제공함으로써, 우리의 믿음을 선포하는 행위이다. 따라서 구걸의 정반대이다. 재정을 모금할 때, "최근 들어서 많이 힘드네요. 제발 좀 도와주시겠어요?"라고 말하지 않는다. 오히려 이렇게 말한다. "우리의 비전은 생각만 해도 가슴이 벅차오를 정도로 엄청난 것입니다. 하나님이 우리에게 맡기신 이 사역에 당신을 초대합니다. 하나님이 당신에게 주신 자원들을 통해 당신 역시 이 사역에 참여할 수 있습니다. 당신의 열정, 기도, 재정을 투자해 이 일에 참여해주십시오." 우리의 초대는 매우 분명하고 담대하다. 왜냐하면 우리의 비전과 사명은 "시냇가에 심은 나무가 철을 따라 과실을 맺고 그 잎이 마르지 않는 것처럼"(시 1:3) 잘될 것임을 믿기 때문이다.

또한 모금은 항상 회심하라는 부르심이다. 그리고 이 부르심은 재정이 필요한 사람과 재정을 가지고 있는 사람 모두에게 해당된다. 재정 지원을 요청하든지 재정을 기부하든지 간에 우리는 함께 하나님 앞에 나아간다. 하나님은 우리의 협력을 통해 새로운 일을 시작하실 것이다(사 43:19). 회심한다는 말은 보고 생각하고 행동하는 방식에서 커다란 변화를 경험한다는 뜻이다. 회심

모금의 영성

하는 것은 올바른 마음을 입는 것이고, 고향을 멀리 떠나 굶주림에 허덕인 작은아들이 깨달음을 얻었던 것처럼 정신을 차리는 것이다(눅 15:14-20). 이것은 우리의 관심을 전환시키는 것으로, 우리의 마음을 하나님의 일에 맞추는 것이다(마 16:23). "너희는 이 세대를 본받지 말고 오직 마음을 새롭게 함으로 변화를 받아 하나님의 선하시고 기뻐하시고 온전하신 뜻이 무엇인지 분별하도록 하라"(롬 12:2). 사역으로서의 모금은 참된 회심을 일으킨다.

사실, 영적인 삶은 마음의 변화인 회심을 요구한다. 이러한 회심은 속사람의 변화로 갑작스럽게 일어날 수도 있지만, 오랜 기간을 걸쳐 서서히 변화하는 과정을 통해 일어나기도 한다.

_《모든 것을 새롭게》

모금 분야에서는 일반 경제 분야에서 일하는 사람들이 기독교 사역을 하는 사람보다 지혜롭기 마련이다. 대기업에 근무하는 사람들은 구걸해서는 많은 재정 지원을 받을 수 없다는 것을 안다. 나는 텍사스에 있는 어느 유능한 재정 모금가의 사무실을 방문한 적이 있다. 그의 사무실은 아름다운 장식품들로 잘 꾸며져 있었다. "선생님은 이런 멋있는 사무실에서 어떻게 재정 지원을 요청하실 수 있어요?"라고 내가 물었다. 그는 이렇게 대답했다. "이 사무실은 제가 사람들에게 접근하는 방법의 일부입니다. 제 사무실은 제가 돈을 어떻게 사용하고 어떻게 불릴 수 있는지 알고 있다는 메시지를 보여주죠. 결국 제가 만나는 사람들의 마음에 자기 투자금이 잘 사용될 것이라는 신뢰감을 불러일으키죠."

누구나 이 방법을 사용할 수는 없다. 또한 좋은 물건들에 둘러싸이는 것은 사역으로서의 모금을 위한 올바른 동기도 아니다. 여기에서 중요한 것은 이 사람이 하는 말의 요지이다. "저는 무릎 꿇지 않고 자신 있는 태도로 재정을 지원해달라고 요청합니다. 그렇게 할 수 있는 것은 제가 하려고 하는 일에 대한 믿음이 있기 때문이에요. 저는 제가 중요한 무엇을 제안한다고 믿습니다." 이

사람은 사람들에게 구걸하지 않으면서 자신의 비전에
참여하라고 초대한다.

회심한 사람은 하나님의 눈으로 보고 하나님의 귀로
듣고 하나님의 마음으로 이해한다.
_《주님 감사합니다》

우리는 사역으로서의 모금을 통해 사람들이 전혀 새
로운 관점에서 자신이 소유한 것을 볼 수 있도록 초대
한다. 우리는 사람들에게 제공하는 영적인 비전을 통해,
그들이 유익을 경험할 수 있다는 사실을 깨닫기를 바란
다. 그들의 소유물을 우리가 이용할 수 있도록 해줌으로
써, 그들 또한 유익을 얻을 수 있다. 만약 우리가 사람들
의 기부금이 우리에게만 좋게 작용한다고 믿는다면, 이
것은 영적인 의미에서 모금이 아니다. 복음의 관점에서
모금은 사람들에게 말한다. "당신의 돈으로 이 비전을

위해 투자하겠습니다. 만약 이것이 당신의 영적 여정에 유익하다면 말입니다. 만약 이것이 당신의 영적 건강에 좋다면 말입니다." 다시 말하면 우리는 회심의 경험으로 사람들을 초대하는 것이다. "당신은 기부를 통해 가난해지는 것이 아니라 부요해질 것입니다." 우리는 사도 바울과 함께 자신 있게 말할 수 있다. "너희가 모든 일에 부요하여 너그럽게 연보를 함은 그들이 우리로 말미암아 하나님께 감사하게 하는 것이라"(고후 9:11).

이러한 접근과 초대에 확신이 부족하다면, 우리는 우리의 비전과 단절된 것이고 우리 사명 또한 방향을 잃은 것이다. 또한 우리는 기부자들을 잃게 될 것이다. 우리는 자신이 돈을 구걸한다고 생각할 것이고, 기부자들은 단순히 우리에게 돈을 줄 뿐이라고 생각할 것이기 때문이다. 기부자와 우리 사이에는 진정한 관계가 이루어지지 않았다. 우리가 이들에게 다가가 우리와 함께하기를 요청하지 않았기 때문이다. 우리는 이들에게 우리가 하려는 사역에 한마음으로 참여할 수 있는 기회를 주지 않은 것이다. 우리가 재정 기부를 받는 일에 성공했을지는 몰라도, 이들과의 관계를 제대로 이끌어가지는 못한 것이다.

하나님은 우리의 사랑이 열매 맺도록 하실 것이다. 우리가 이것을 볼 수 있는지 여부와 상관없이 말이다.

_《영혼의 양식》

사역으로서의 모금은 부자들을 자신의 재산과 맺는 새로운 관계로 초대하고 있을 뿐만 아니라 우리에게도 우리의 필요에 관해 회심을 요구한다. 만약 우리가 누군가에게 기부를 요청한 뒤에 영적이지 않은 활동 때문에 피로감을 느끼고 왠지 찜찜한 느낌을 가진다면, 무엇인가 잘못된 것이다. 우리는 모금이 단순히 세속적인 활동이라는 생각에 속지 않도록 주의해야 한다. 사역의 한 형태인 모금은 설교나 기도나 환우를 위로하는 것이나 굶주린 사람에게 음식을 주는 것만큼이나 영적인 활동이다. 따라서 모금은 우리도 회심할 수 있도록 도와야 한다. 누군가 "아니요, 당신의 프로젝트에 참여하지 않을 생각입니다"라고 말할 때, 우리는 기부를 요청하는 것에 대한 두려움과 거부에 대한 불안과 창피함을 느끼는 것에 대한 두려움과 우울감을 벗어던질 용의가 있는가? 우리가 두려움 없이 요청할 수 있고 기꺼이 사역으로서의 모금을 사랑할 수 있을 때, 모금은 우리의 영적인 삶에 유익을 끼친다.

돈을 가진 이들과 돈이 필요한 이들이 사명을 공유할 때, 우리는 그리스도의 영 안에 있는 새 삶의 중심되는 표식을 본다. 예수님께서 우리를 하나로 만드셨기에 우리는 서로의 사역에 지지자들이 된다. 그 결실은 주님과 친밀한 관계를 유지하는가에 따라 결정된다. 예수님은 우리에게 이렇게 말씀하신다. "나는 포도나무요 너희는 가지라. 그가 내 안에, 내가 그 안에 거하면 사람이 열매를 많이 맺나니 나를 떠나서는 너희가 아무것도 할 수 없음이라"(요 15:5). 주님과 함께라면 우리는 어떤 것도 할 수 있다. 하나님이 풍성한 복들로 우리를 감싸고 계심을 알고 있기 때문이다. 따라서 돈을 가진 이들과 돈이 필요한 이들은 하나님의 사랑이라는 공통점을 지닌다. "하나님이 능히 모든 은혜를 너희에게 넘치게 하시나니 이는 너희로 모든 일에 항상 모든 것이 넉넉하여 모든 착한 일을 넘치게 하게 하려 하심이라"(고후 9:8). 이런 일이 일어날 때, 우리는 참으로 바울과 함께 말할 수 있다. "새로운 피조물이라"(고후 5:17). 그리스도 안에 있는 새로운 피조물이 있는 곳에서, 하나님나라가 세상에 분명히 드러난다.

2
하나님나라의 도래 돕기

그러므로 우리의 마음을 하나님나라에 집중하는 것은
우리 안에 그리고 우리들 가운데에 있는 성령의 생명을
우리가 생각하고 말하고 행동하는 모든 것의
중심으로 삼는 것을 의미한다.

–《모든 것을 새롭게》

모금은 하나님나라가 임하는 것을 돕는 매우 확고한 방법이다. 하나님나라는 무엇인가? 만약 우리가 하나님나라를 최우선으로 삼는다면 "이 모든 것을 너희에게 더하시리라"(마 6:33)고 예수님은 분명히 말씀하셨다. 하나님나라는 우리의 모든 필요를 하나님이 마련해주시는 곳이다. 하나님나라는 우리가 가진 것이 충분한지를 염려하며 발을 동동거리지 않아도 되는 부족함이 없는 곳이다. "그러므로 내일 일을 위하여 염려하지 말라. 내일 일은 내일이 염려할 것이요"(마 6:34). 예수님은 하나님나라를 겨자씨에 비유한다. "겨자씨 한 알과 같으니 땅에 심길 때에는 땅 위의 모든 씨보다 작은 것이로되 심긴 후에는 자라서 모든 풀보다 커지며 큰 가지를 내나니 공중의 새들이 그 그늘에 깃들일 만큼 되느니라"(막 4:31-32). 지극히 작은 관대한 행동이 우리가 구하거나 상상할 수 없는 정도로 엄청나게 자랄 수 있다(엡 3:20을 보라). 사랑이 자라는 곳이면 이 세상 어디에서나 그리고 이 세상 너머까지 사랑의 공동체가 만들어질 수 있다. 사랑은 죽음보다 강하기 때문이다(고전 13:8). 이 세상에서 사랑을 심고 가꾸는 일에 우리 자신을 바치면, 우리가 한 노력들은 우리가 살고 있는 시간 너머까지 도달할 것이다. 만약 우리가 사랑의 공동체를 만들기 위해 재정을 모금한다면, 우리는 참으로 하나님이 그분의 나라를 세우시도록 돕는 것이다. 우리는 기독교인으로서 정말로 마땅히 해야 하는 것을 하는 것이다. 바울은 이것에 대해 분명히 가르쳤다. "사랑을 추구하라"(고전 14:1).

3

우리의 안전 기반

회심한 사람은
하나님 안에서 자기 자신과 온 세상을 압니다.

-《주님 감사합니다》

재정 후원을 요청하는 사람들은 자기 자신을 면밀히 살필 필요가 있다. 문제는 어떻게 모금할 것인지가 아니라, 우리와 재정 사이의 관계다. 우리가 돈을 어떻게 생각하는지를 알지 못하면, 우리는 재정 기부를 요청할 수 없다.

우리의 삶에서 돈은 어떤 위치에 있는가? 돈의 중요성은 우리의 사회적 관계들과 매우 긴밀하게 연결되어 있다. 그래서 가정 생활이 우리와 돈 사이의 관계에 어떻게 영향을 주었는지를 고려하지 않고 재정에 대해 생각하는 것은 거의 불가능해 보인다.

현재 자기 부모님의 수입에 대해 아는 사람이 얼마나 많이 있는가? 우리는 부모님의 재정에 대해 부모님과 자주 대화를 나누는가? 돈이 식사 대화의 주제였던 적은 있는가? 재정에 대한 가족의 대화가 흔히 염려, 분노, 희망, 만족에 관한 내용들인가? 우리 부모님은 우리가 어릴 때 돈에 대해 우리와 대화를 나누셨는가? 요즘 부모님들은 우리와 돈에 대해 대화를 나누시는가? 부모님은 우리에게 어떻게 돈을 관리할지를 가르쳐주셨는가? 이제 부모가 된 입장에서, 우리는 자녀들과 재정 문제들에 대해 의논하는가? 우리가 돈을 얼마나 벌고 어떻게 사용하는지 말하는 것에 대해 마음이 불편하지는 않은가?

돈은 실제로 가족 관계의 중심부에 있다. 또한 돈은 가정 생활뿐 아니라 우리가 관계를 맺는 사람들, 단체들, 명분들에서 중요한 역할을 한다. 따라서 우리의 재정생활에서 이런 측면에 대해 생각해봐야 한다.

우리는 우리가 가진 돈을 어떻게 사용하는가? 우리는 응급 상황을 대비하기 위해 돈을 저축하는 편인가? 아니면 나중에 돈이 없을 수 있으니 지금 사용하는가? 친구와 자선기관과 교회와 정당과 교육기관에 기부하는 것을 즐겨하는가? 실제로 우리는 어디에 기부하고 있는가? 우리는 우리가 기부한 돈이 세금을 공제받는지에 대해 관심을 두는가? 이런 질문을 한 번이라도 해보았는가?

만약 사람들이 우리가 기부한 돈을 원래의 목적이 아닌 다른 용도로 사용한다면, 어떤 마음이 들겠는가? 가난한 어린이들을 돕는 데 사용될 것이라고 생각하며 누군가에게 백만 원을 주었다고 생각해보자. 그런데 이 사람이 중남미의 카리브해안으로 관광을 다녀오는 데 이 돈을 사용했다는 것을 나중에 알게 된다면, 화를 낼까? 어느 신학교 총장이 내게 이런 말을 했다. "절대로 속지 말아야겠다는 생각을 한다면, 결코 기부할 수 없을 겁니다."

만약 돈이 가족과 가족이 아닌 외부 세상과 우리 사이의 관계에 영향을 준다면, 돈의 영향력은 우리의 내적 생활에까지도 미친다. '개인의 가치personal worth'라는 문구가 우리의 재정 자산의 규모와 인간으로서의 가치, 두 가지를 모두 의미할 수 있다는 점이 흥미롭다. 다음의 몇 가지 질문들이 우리가 돈을 어떻게 생각하는지를 점검할 수 있도록 도울 수 있다.

돈의 소유 여부가 우리의 자존감과 우리 자신의 가치에 어떤 영향을 주는가? 돈이 많으면 우리 자신에 대해 긍정적으로 느끼는가? 돈이 없으면 우리 자신에 대해 부정적으로 느끼는가? 수입이 적거나 심지어 보통 수준인 것이 창피한가? 아니면 돈은 전혀 중요한 것이 아니라고 생각하는가?

돈과 권력은 같이 간다. 또한 권력과 자기 가치에 대한 인식 사이에는 밀접한 관계가 있다. 사람이나 행사를 좌지우지하기 위해 돈을 사용해본 적이 있는가? 다른 말로, 우리가 원하는 대로 일이 이루어지도록 하기 위해 돈을 사용하는가? 우리는 다른 사람이 원하는 대로 자유롭게 쓸 수 있도록 조건 없이 돈을 주어본 적이 있는가? 다른 사람이 재정 지원을 요청하면 어떤 느낌이 드는가?

이 질문 중 하나라도 우리의 마음을 불편하게 만든다면, 이것은 돈에 대해 말하는 것이 우리 사회에서 가장 큰 금기 중 하나이기 때문이다. 돈에 대한 대화는 성이나 종교에 대한 대화보다 더 큰 금기이다. 사람들은 "종교에 대해 얘기하지 마세요. 이것은 사적인 일입니다"라고 말할 수 있다. "성에 대해 말하지 마세요. 이것은 잠자리에서나 하는 이야기입니다"라고 말할 사람도 있다. 그러나 돈에 대해 토론하는 것을 훨씬 더 어려워하는 사람들이 많다. 그리고 재정 모금을 할 때 이 사실을 곧바로 알 수 있다. 재정 지원을 요청하는 것이 솔직히 터놓고 말할 만큼 쉬운 문제가 아니라는 점을 우리는 자주 느낀다.

사랑의 영은 이렇게 말한다. "자신의 삶을 통제하고 싶은 마음을 털어버리는 것을 두려워하지 말라."

_《여기 지금 우리와 함께하시는 하나님》

돈에 대한 대화가 금기인 이유는 돈이 안전을 필요로 하는 우리 내면의 깊은 욕구와 관련이 있기 때문이다. 그리고 우리는 이 필요가 타인에게 드러나기를 원하지 않는다. 특히 우연찮게라도 우리를 배반할 수도 있는 누군가에게 우리의 안전이 위협받을 일이 생기기를 원하지 않는다. 우리 주변과 내면의 목소리들은 의존의 위험성에 대해 경고한다. 우리는 다른 사람에게 의존하는 것을 두려워한다. 왜냐하면 의존은 우리의 안전에 대한 위협이라고 생각하기 때문이다. 언젠가 한 친구는 내게 자신의 아버지가 자주 이런 말을 해주었다고 말했다. "아들아, 다른 사람에게 의존하지 않도록 주의해라. 필요한 것을 얻기 위해 구걸하지 않도록 해야 한다. 스스로의 힘으로 집과 물건들을 살 수 있을 만큼 언제나 돈은 충분히 갖고 있어야 해. 그리고 정 도움이 필요하면 가족에게만 도움을 받아라. 은행에 돈을 저축해두면, 결코 너에게 나쁜 일은 안 생길 거야."

우리 문화는 최대한 우리 자신의 미래를 담보하고 자기 삶을 통제하라고 우리를 압박하지만, 이런 가르침에 대한 성경적 근거는 없다. 예수님은 안전에 대한 우리의 필요를 아신다. 인간에게 안전은 너무나도 중요한 문제이기 때문에, 예수님은 우리가 참된 안전을 제공하지 못하는 사물이나 사람을 신뢰하는 잘못을 저지르지 않기를 바라신다. "너희를 위하여 보물을 땅에 쌓아두지 말라. 거기는 좀과 동록이 해하며 도둑이 구멍을 뚫고 도둑질하느니라. 오직 너희를 위하여 보물을 하늘에 쌓아두라. 거기는 좀이나 동록이 해하지 못하며 도둑이 구멍을 뚫지도 못하고 도둑질도 못하느니라. 네 보물 있

는 그곳에는 네 마음도 있느니라"(마 6:19-21). 우리 마음
이 나뉘어 있으면 안전을 찾을 수 없다. 그래서 예수님
은 너무나도 급진적인 말씀을 하셨다. "집 하인이 두 주
인을 섬길 수 없나니 혹 이를 미워하고 저를 사랑하거나
혹 이를 중히 여기고 저를 경히 여길 것임이니라. 너희
는 하나님과 재물을 겸하여 섬길 수 없느니라"(눅 16:13).

참된 영적 생활은 모든 욕망의 아버지이자 어머니이신
분의 품속에서 쉴 때까지 휴식이 없는 생활이다.

_《여기 지금 우리와 함께하시는 하나님》

우리의 안전 기반은 무엇인가? 하나님인가, 아니면
맘몬인가? 예수님은 이것을 물으실 것이다. 예수님은
우리의 안전을 하나님과 돈 양쪽에 둘 수 없다고 말씀하
신다. 우리는 선택해야 한다. 예수님은 "하나님께 안전
을 두라"고 권면하신다. 우리는 세상에 속하든지 하나

님께 속하든지 선택을 해야 한다. 예수님은 우리의 기본적 신뢰를 하나님께 두어야 한다고 가르치신다. 우리가 돈을 진정으로 신뢰하는 한, 우리는 하나님나라의 참된 구성원이 될 수 없다. 내가 물었던 모든 질문은 우리가 돈을 신뢰하고 있지는 않은지를 생각해보게 도와주는 것들이었다. "자기의 재물을 의지하는 자는 패망하려니와 의인은 푸른 잎사귀 같아서 번성하리라"(잠 11:28). 우리 안전의 참된 기반은 무엇인가?

4

부유한 사람들

당신은 하나님이 자신을 선택하셨다는 것을 믿고,
당신의 형제자매들이 자신들도 하나님의 사랑스런
아들과 딸인 것을 알 수 있도록 돕기 위해
이 세상에 보내졌습니다.

–《영성에의 길》

성경은 가난한 사람들에 대한 하나님의 관심을 분명하게 가르친다. "땅에는 언제든지 가난한 자가 그치지 아니하겠으므로 내가 네게 명령하여 이르노니 너는 반드시 네 땅 안에 네 형제 중 곤란한 자와 궁핍한 자에게 네 손을 펼지니라"(신 15:11; 사 58:6-12 참고). 처음부터 교회는 가난한 사람들이 하나님의 시야에서 특별한 자리를 차지하고 있음을 알고 있었다. "내 사랑하는 형제들아 들을지어다. 하나님이 세상에서 가난한 자를 택하사 믿음에 부요하게 하시고 또 자기를 사랑하는 자들에게 약속하신 나라를 상속으로 받게 하지 아니하셨느냐"(약 2:5). 정말로 가난한 사람들과 고통당하는 사람들은 하나님의 아들이 우리를 위해 가난해지셨다는 사실을 상기시켜준다(고후 8:9). 하나님은 가난한 이들을 사랑하시며, 그리스도를 따르는 사람들 역시 사랑하신다. 가난한 사람들을 사랑하고 섬기는 가운데, 우리는 예수님을 사랑하고 섬길 수 있는 아름다운 기회를 갖게 된다. 예수님은 제자들에게 이렇게 말씀하신다. "내가 진실로 너희에게 이르노니 너희가 여기 내 형제 중에 지극히 작은 자 하나에게 한 것이 곧 내게 한 것이니라"(마 25:40).

한편 때때로 가난한 사람들에 대한 우리의 관심은 부자에 대한 편견을 동반할 수 있다. 우리는 부자가 가난한 사람들만큼 선하지 않다고 생각하기도 한다. 한 신학교 교수는 어느 부유한 대형 교회에 대해 이렇게 말했다. "이 교회는 참된 교회가 아닙니다." 아마도 우리는 부자가 그들의 정해진 몫보다 돈을 많이 가지고 있다거나 가난한 사람의 희생으로 부유해졌다고 생각하는 것 같다. 하지만 누구도 부자를 가난한 사람들보다 덜 사랑해야 한다고 말하지 않는다. 가난한 사람들은 정말로 하나님의 마음속에 있다. 그러나 그러는 한편에 하나님은 부자도 사랑하신다는 사실을 기억할 필요가 있다. 나는 여러 해 동안 여러 명의 부자들을 만났다. 나는 부자들도 다른 영역에서는 가난한 사람들이라는 것을 점점 더 확실히 깨닫게 된다.

많은 부자들이 매우 외로워한다. 많은 사람들이 이용당하고 있다는 느낌 때문에 갈등한다. 어떤 사람들은 배척감과 우울증 때문에 고통을 당한다. 조금 이상하게 들릴지 모르겠지만, 부자들에게 관심과 돌봄이 많이 필요하다. 이것은 중요하기 때문에 꼭 기억할 필요가 있다. "사람들은 나를 볼 때 돈 말고는 다른 어떤 것도 보지 않는 것 같아. 나는 어디를 가든지 부자들에 둘러싸여 있어. 이모들이나 친구들이 다 부자야. 내가 자리를 비우면 사람들은 '저 사람 부자야'라고 말하기 때문에 난 내 주변에 있는 소수의 사람들하고만 교제하며 지내지." 나는 이런 생각을 하면서 꼼짝 없이 갇혀 있는 부자들을 아주 자주 만났다.

한번은 어느 여성이 나를 찾아온 적이 있다. 그녀는 매우 부유했지만 동시에 매우 우울했다. 그녀는 여러 명의 정신과 의사들의 치료를 받으며 많은 돈을 썼지만 별 차도는 없었다. 그녀가 말했다. "있잖아요, 헨리. 모두가 내 돈을 원해요. 나는 부자로 태어났어요. 우리 가족은 부유하죠. 이것이 내 일부인 것은 맞지만 그게 내 전부를 설명해주지는 않잖아요. 내가 사랑받는 이유가 내 본질 때문이 아니라 내 돈 때문이 아닐까 두려워요."

외로움의 뿌리는 매우 깊어서, 긍정적인 광고로 해결될
수 없다. 사랑을 그려내는 이미지와 여러 사람과 함께
있는 것만으로는 외로움의 문제를 해결할 수 없다. 외
로움은 돌봐주는 사람이 아무도 없고 조건 없이 사랑을
베푸는 사람이 아무도 없고 약점을 드러내도 이용당하
지 않을 곳은 없다는 의심 속에서 먹잇감을 찾는다.
_《영적 발돋움》

　몇 년 전에 내 책 여러 권을 읽은 어떤 사람이 내가
가르치던 대학교로 전화를 걸어왔다. 그는 내 조교와 통
화했는데, 이렇게 말했다. "저는 헨리 나우웬의 책을 여
러 권 읽었는데, 혹시 헨리가 돈이 필요한지 궁금하네
요. 헨리 나우웬이 더 많은 책을 쓰면 좋겠는데, 요즘은
책을 출판하는 데 돈이 많이 필요하잖아요." 내가 학교

를 4개월 정도 떠나 있었을 때라, 조교가 내게 전화를 걸어 말했다. "어떤 은행가가 교수님에게 재정적인 도움을 제공하고 싶다고 하네요." 어떻게 해야 할지 몰랐기 때문에 나는 이렇게 말했다. "그럼 그분하고 식사를 한번 하세요." 그 뒤에 조교와 그 사람은 만나서 식사를 같이했고 이 만남은 매주 계속되었다. 그들은 온갖 것들에 대해 이야기했고, 내가 학교로 돌아왔을 때 이 두 사람은 친구가 되어 있었다.

내가 조교와 함께 식사 자리에 나갔을 때, 그 은행가는 이렇게 말했다. "헨리, 난 당신이 돈에 대해 하나도 모른다고 생각해요." 내가 그에게 물었다. "왜 그렇게 생각하세요?" 그는 이렇게 대답했다. "내가 아는 한, 작가 같은 사람들은 돈에 대해 하나도 몰라요." 이 사람이 정말로 말하려고 했던 것은 이것이었다. "단지 책을 읽는 것보다 훨씬 심도 깊게 당신이 쓰는 주제에 대해 당신과 대화를 나누었으면 좋겠어요. 내가 당신과 친밀한 관계를 맺을 수 있는 유일한 방법은 내 강점을 사용하는 것이라고 생각해요. 그리고 내 강점은 내가 은행가라는 것이지요." 이 사람이 궁극적으로 말하고 싶었던 것은 이것이었다. "당신이 가지고 있는 것 중에 내게 필요한 것이 있어요. 그리고 나는 정말로 당신과 친해졌으면 좋겠습니다." 내가 대답했다. "지금은 돈에 대해 이야기하지 맙시다. 그냥 당신에 대해 얘기해줘요."

시간이 지나자 우리는 친한 친구가 되었다. 매년 그는 내게 수천 달러를 주었다. 나는 그 돈을 잘 사용했고 그의 기부금을 어디에 사용했는지 설명했다. 하지만 돈은 우리 둘 사이의 관계에서 가장 중요한 것이 아니었다. 가장 중요한 것은 서로를 존중하고 신뢰하는 분위기에서 그는 자신에 대해 이야기를 나눌 수 있었고 나도 내가 어떤 사람인지 들려줄 수 있었다는 점이다.

이 친구가 죽었을 때, 그의 가족이 내게 이렇게 말했다. "우리는 계속해서 교수님을 후원하고 싶습니다. 왜냐하면 제 남편과 아이들의 아버지를 교수님이 사랑해주셨다는 것을 알기 때문이에요. 제 남편과 아이들의 아버지가 교수님을 사랑했던 것처럼, 교수님을 사랑하기 때문에 교수님을 후원하는 사람들이 있다는 것을 언제나 알아주셨으면 좋겠어요."

이 부유한 사람의 가난을 통해, 하나님나라의 일부가 발전했다. 돈이 중요했지만, 이것이 우리의 관계에서 가장 중요한 부분은 아니었다. 우리는 각자 서로에게 줄 것이 있었다. 나는 영적인 것을 가지고 있었고, 그는 물질적인 것을 가졌다. 가장 중요한 것은 우리 둘 다 하나님나라를 위해 섬기고, 사랑의 공동체를 세우고, 우리가 각자 하는 것보다 훨씬 큰 무엇인가가 일어나기를 원했다는 점이다.

성부 하나님이 그분의 자녀들을 위해 당신 자신을 주셨듯이, 나도 형제와 자매를 위해 나 자신을 희생해야 한다.

_《탕자의 귀향》

은행가였던 내 친구는 우리가 가진 부요함으로 부자들을 섬겨야 한다는 것을 내가 깨달을 수 있도록 도와주었다. 예수 그리스도의 형제자매인 우리는 영적 부요함을 분깃으로 받았다. 주님 안에는 "지혜와 지식의 모든 보화가 감추어져"(골 2:3) 있다. 우리는 부자에게 가서 자

신 있게 이렇게 말할 수 있어야 한다. "나는 당신을 사랑합니다. 당신의 돈 때문이 아니라 당신 자체를 사랑합니다." 부자도 우리처럼 사랑에 결핍되어 있고 사랑을 필요로 한다는 것을 알고, 부자에게 자신 있게 나가야 한다. 우리가 부자에게서 가난함을 알아볼 수 있을까? 이것이 정말로 중요하다. 왜냐하면 바로 부자의 가난함에서 축복을 발견할 수 있기 때문이다. 예수님은 이렇게 말씀하셨다. "너희 가난한 자는 복이 있나니"(눅 6:20). 부자도 가난하다. 돈을 가진 사람들에게 재정 기부를 요청하려면, 이들을 깊이 사랑해야 한다. 우리는 돈에 대해 걱정할 필요가 없다. 오히려 우리가 그들을 초대하고 친밀한 관계를 맺음으로써 그들이 하나님과 가까워질 것인지에 대해 걱정할 필요가 있다.

요청하기

A SPIRITUALITY *of* FUNDRAISING

하나님이 나의 주님이 되지 못하도록 방해하는
두려움과 의심과 염려들을 가져가시고,
주님의 측량 못할 자비를 확신하면서
주님의 임재의 빛 가운데 벌거벗고 나약한 모습 그대로
나설 수 있도록 용기와 자유를 주소서.

-《긍휼을 구하는 기도》

만약 우리의 안전의 근거가 전적으로 하나님께 있다면, 우리는 자유롭게 재정 지원을 요청할 수 있다. 우리가 돈으로부터 자유로울 때에만 우리는 다른 사람들에게 자유롭게 기부를 요청할 수 있다. 이것이 사역으로서의 모금이 우리에게 촉구하는 회심이다. 많은 사람들이 재정 지원 요청을 어려워하는 것을 우리는 이미 많이 보았다. 왜냐하면 돈은 금기어이기 때문이다. 이것이 금기시되는 주제인 것은 우리 자신의 불안전함이 돈과 연결되어 있기 때문이고, 그 결과 우리는 자유롭지 않다. 또한 우리가 부자를 질투하고 그들의 재산을 부러워하면, 우리는 자유롭지 않은 것이다. "그들이 정직한 방법으로 돈을 벌었는지 잘 모르겠어." 이렇게 말하며 돈을 가진 사람들에게 분노한다면, 우리는 자유롭지 않은 것이다. 우리가 부자에게 질투나 분노를 느낀다는 것은 돈이 여전히 우리의 주인이라는 사실을 보여준다. 그렇다면 우리는 아직 재정 후원을 요청할 준비가 되어 있지 않은 것이다.

나는 우리가 마음속에 있는 분노나 질투하는 마음을 예의바른 단어들과 잘 준비된 재정 후원 제안서 속에 감춘 채로 후원을 요청해서는 안 된다고 생각한다. 우리가 얼마나 세련되게 재정 후원을 요청하느냐와는 관계 없이, 분노나 질투심을 가진 채로 재정 후원을 요청할 때 우리는 그 사람에게 형제자매가 될 수 있는 수단을 주지 않는 것이다. 오히려 그 사람이 방어적인 자세를 취하게 만든다. 왜냐하면 상대방은 일종의 경쟁이 일어나고 있음을 깨닫기 때문이다. 우리의 비전과 사명에 참여해 달라는 제안은 더 이상 하나님나라를 위한 것이 아니다. 이것은 우리의 유일한 안전 근거가 되실 수 있는 하나님의 이름을 더 이상 말하지 않는다.

우리가 진정으로 하나님의 무제한적인 베풂을 느끼면,
우리는 형제자매들이 받을 것에 대해 감사할 것이다.
한마디로, 질투가 우리 마음에 있을 장소는 없다.

_《영혼의 양식》

기도하면서 하나님을 전적으로 신뢰하기로 결단한
다는 것은, 우리가 하나님나라에만 관심 있다는 분명한
표현이다. 우리가 부자들을 그들의 소유보다는 그들 자
체의 모습 그대로 사랑하는 법을 배울 때 그리고 그들에
게 우리가 소중한 가치를 지닌 무엇인가를 줄 수 있다
고 믿을 때에만, 우리는 누군가에게 큰 금액의 후원금을
요청하는 것에 대해 어려워하지 않게 될 것이다. 이때에
비로소 우리는 필요한 것을 얻을 것이라는 확신을 가지
고 자유롭게 요청할 수 있다. 이것이 바로 복음이 말하
는 것이다. "구하라. 그리하면 너희에게 주실 것이요. …
문을 두드리라. 그리하면 너희에게 열릴 것이니"(마 7:7).
만약 어떤 사람이 무슨 이유에서인지 "아니오"라고 말

한다 해도, 이것을 편한 마음으로 고맙게 받아들일 수 있다. 우리를 인도하시는 그리스도의 영이 그 사람도 인도하고 계시다고 믿고 있기 때문이다. 어쩌면 다른 곳에서 그의 재정이 더 절실히 필요한지도 모른다. 어쩌면 아직 그가 정말로 헌신할 준비가 되지 않았는지도 모른다. 어쩌면 우리의 기부 요청이 훨씬 분명하고 우리의 비전이 훨씬 설득력을 가질 수 있도록 성령의 음성을 더 민감히 들어야 할 필요가 있을지도 모른다. 우리는 그리스도의 영 안에 있는 잠재적 기부자들을 만나기 때문에, 확신을 가지고 자유로운 태도와 분위기 속에서 이들에게 재정 기부를 요청할 수 있다. "그리스도께서 우리를 자유롭게 하려고 자유를 주셨으니"(갈 5:1).

사람들에게 기부를 요청하는 것은 이들에게 하나님 나라를 위해 자신의 자원을 사용할 기회를 제공하는 것이다. 재정을 모금하는 것은 사람들에게 자신이 소유한 것을 하나님의 사역에 투자할 기회를 제공한다. 사람들이 부자인가 아닌가는 이들이 자신의 소유물을 하나님이 사용하실 수 있도록 내어놓을 수 있느냐만큼 중요한 문제가 아니다. 오병이어로 오천 명을 먹이신 예수님은 우리의 후한 베풂을 통해 하나님의 사랑이 어떻게 배가

될 수 있는지를 보여주셨다(마 14:13-21 참고). 하나님나라
는 풍성함이 넘쳐흐르는 곳이다. 하나님나라에서 후하게
베푸는 모든 친절은 원래의 경계를 넘어서, 이 세상에서
역사하시는 하나님의 한없는 은혜의 일부가 된다.

6
새로운 친교

공동체는 다른 사람의 이익을 우리 자신의 이익보다
중요하게 여길 수 있는 우리 능력의 열매이다.

ㅡ《영혼의 양식》

하나님나라의 사역을 보강하거나 확대하기 위해 재정 후원을 사람들에게 요청할 때, 우리는 이들을 새로운 영적 교제로 초대하는 것이다. 이것은 매우 중요하다. 로마서에 이런 말씀이 있다. "피조물이 다 이제까지 함께 탄식하며 함께 고통을 겪고 있는 것을 우리가 아느니라. 그뿐 아니라 또한 우리 곧 성령의 처음 익은 열매를 받은 우리까지도 속으로 탄식하여 양자 될 것, 곧 우리 몸의 속량을 기다리느니라"(롬 8:22-23). 이 탄식은 우리의 깊은 내면 그리고 모든 피조물로부터 나온다. 이것은 시간과 공간이 가진 한계를 초월하는 하나님과의 친교, 그리고 우리들 사이의 친교를 갈구하는 탄식이다.

우리가 직면한 진정한 위험은 친교를 바라는 우리의 갈망을 믿지 않는 것이다. 이것은 하나님이 주신 갈망이고, 이것이 없으면 우리 삶은 생동력을 잃고 우리의 마음은 차갑게 식는다.

_《여기 지금 우리와 함께하시는 하나님》

동시에 이 탄식은 우리뿐만 아니라 하나님이 지으신 모든 피조물과 친교를 간절히 원하는 하나님의 사랑을 표현한다. 하나님은 "피조물도 썩어짐의 종노릇한 데서 해방되어 하나님의 자녀들의 영광의 자유에 이르는"(롬 8:21) 것을 바라신다. 이것이 참된 영적 교제의 자유이다. 재정 후원에 대한 요청은 우리와 이러한 교제에 참여하도록 사람들을 초대하는 것이다. 이것은 "당신이 우리를 알기 원합니다"라고 말하는 것이다. 우리가 비전을 향해 나아갈 때, 공동의 탄식으로 하나가 된 우리는 이 친교를 알기 시작한다.

우리에게는 친구가 필요하다. 친구는 우리를 인도해주고, 보살펴주며, 사랑으로 우리와 맞서고, 고통의 시간에는 우리를 위로해준다.

_《영혼의 양식》

어떻게 영적 친교가 구체적으로 드러날 수 있을까? 사역으로서의 모금이 하나님과의 친교와 서로 간의 친교로 함께 참여하자고 우리를 부를 때, 이것은 진정한 우정을 꽃 피우고 공동체를 만들 가능성을 가지게 된다. 사람들은 우정과 공동체를 필요로 하기 때문에 모금은 공동체를 세우는 것이어야 한다. 얼마나 많은 교회와 자선기관이 자신들이 제공할 수 있는 가장 큰 선물 가운데 하나가 공동체라는 사실을 깨달을지 궁금하다. 만약 우리가 기부를 요청한다면, 이것은 우리가 새로운 교제, 새로운 형제애, 새로운 자매애, 새로운 종류의 소속감을 제공한다는 의미이다. 우리는 우정, 기도, 평안, 사랑, 충성, 애정, 도움이 필요한 이들을 위한 사역 등, 줄 수 있는 것을 가지고 있다. 너무나도 소중하기 때문에 이것들을 지키기 위해서 사람들은 자신의 자원을 기꺼이 내어놓을 수 있다. 항상 새로우면서 오래가는 관계를 만드는 것을 모금의 목표로 삼아야 한다. 나는 교회와 수도원, 봉사 기관들과 목적을 가진 기독교 공동체에서 맺어진 우정을 중심으로 사는 사람들을 안다. 이 사람들은 그런 공동체를 방문하거나 그곳에서 자원봉사를 한다. 그리고 이런 공동체의 환경 속에서 영양분을 얻고 도움의 손길을 발견한다. 만약 이 사람들에게 돈이 있으면, 이들은 돈을 기부할 것이지만 이것은 중요하지 않다. 새로운 친교를 나누며 얻는 새로운 자유와 새로운 친구들과 비교할 때, 돈은 가장 덜 흥미로운 것이다.

공동체는 무엇보다도 마음의 자질이다. 이것은 우리는 우리 자신이 아니라 서로를 위해 살고 있다는 영적 깨달음에서 자란다.

_《영혼의 양식》

영적 친교는 새로운 열매를 맺는 가운데 드러난다. 이 점에서 사역으로서 모금의 급진적인 속성이 분명히 나타난다. 세상에서는 재정을 모금하는 사람이 기부할 가능성이 있는 사람들에게 그들의 기부로 그 기관의 생산성이 높아지고 성공할 수 있다는 점을 확신시킬 수 있는 전략을 수립하고 그 계획을 보여주어야 한다. 새로운 친교를 누리면서도, 모금의 결과로 생산성과 성공 가능성은 높아질 수 있다. 하지만 이것들은 단지 훨씬 깊은 창조적인 에너지의 부산물일 뿐이다. 이 에너지는 예수님과의 관계 속에서 그리고 예수님과의 관계를 통해서 사람들의 삶에 심기고 자라난 사랑의 힘이다. 적절한 환경과 돌봄만 있으면, 이 씨앗들은 "삼십 배, 육십 배, 백 배"(막 4:20)의 풍성한 결실을 맺을 수 있다. 사람들에게 기부를 요청할 때마다, 우리는 이들에게 이 열매 맺음의 비전으로 초대하도록 각별히 신경 쓴다. 우리는 이들이 우리의 비전에 참여하기를 원한다. 그럼으로써 "번성하라"(창 1:28)고 하신 하나님의 말씀이 무엇을 의미하는지 우리가 함께 보기 시작하기를 원한다.

마지막으로, 모금을 통해 돈과 모금을 하는 우리 사이의 관계에 대해 다시 한 번 생각해보기를 원한다. 마치 사랑의 공동체를 세우는 사역을 통해 돈을 대하는 우리의 태도에 회심이 일어나기를 원하듯이, 모금 사역은 우리 각 사람의 부르심, 우리 고유의 소명에 대해 보다 신실하도록 우리 모두를 초대한다. 모금 활동은 우리 각 사람의 소명이 깊어지고 강화되는 결과를 가져온다. 때때로 이것은 우리의 소명으로 인해 생기는 갈등의 핵심을 직면하게 한다. 모금 활동을 하는 나에게 사람들은 이런 말을 했다. "만약 선생님이 좀 더 나은 목회자가 되고자 하는 도전을 받아들인다면 제가 돈을 기부하겠습니다. 선생님이 그만 분주하고 자신의 소명에 더 신실하게 반응한다면 말이에요. 선생님이 너무 바삐 다니면서 강연을 하시느라 책을 많이 안 쓰시는 것 같아요. 문을 닫아걸고 책상 앞에 앉아서 누구와도 말하지 않는 것이 힘들다는 것을 압니다. 하지만 저의 후원이 선생님의 저술 활동에 도움이 되기를 바랍니다." 이것이 사랑의 공동체에서 일어나는 열매 맺음의 일부이다. 모금은 우리에게 맡겨진 사역에 좀 더 깊이 헌신하도록 우리를 초대함으로써, 우리 가운데 이미 임한 하나님나라가 눈에 보이는 형태로 나타나도록 해준다.

7
기도와 감사

성령은 우리가 성공과 명성과 권력의 세계에 속하지 않고
하나님께 속했음을 보여준다.

-《영혼의 양식》

어떻게 우리는 안전의 기반을 하나님으로 그리고 하나님 한 분만으로 삼는 사람이 될 수 있을까? 우리는 어떻게 확신을 가지고 하나님의 사랑이라는 공통분모 위에 부자와 가난한 자가 함께 서게 할 수 있을까? 우리는 어떻게 구걸하지 않으면서 재정 후원을 요청하고, 강요하지 않으면서 사람들을 새로운 친교로 초대할 수 있을까? 우리는 어떻게 말을 통해서뿐만 아니라 다른 사람과 함께하는 방법을 통해서 우리의 사명과 비전의 기쁨과 생명력과 약속을 표현할 수 있을까? 한마디로, 우리는 어떻게 모금을 달갑지는 않지만 해야만 하는 활동으로 보지 않고, 생명을 주고 소망이 가득한 사역을 표현하는 것으로 이해할 수 있을까?

기도는 돈 있는 사람들에 대한 우리의 생각과 마음을 적대감과 의심이 아닌 환대로 여기도록 회심하게 돕는 영적 훈련이다. 감사는 이 회심이 우리 삶의 모든 영역으로 퍼지고 있음을 보여주는 징조이다. 처음부터 끝까지, 사역으로서의 모금은 기도에 기반을 두고 있고 감사 속에서 이루어진다.

기도는 모금의 급진적인 출발점이다. 왜냐하면 우리는 기도를 통해서 우리 자신과 타인들에 대한 우리의 모든 생각과 감정이 재정립되는 것을 서서히 경험하기 때문이다. 기도는 우리를 자유하게 하는 진리를 좀 더 온전히 알기 원하는 바람이다(요 8:32 참고). 기도는 대인 관계에 영향을 주는 숨은 동기들과 인식하지 못하는 상처들을 드러낸다. 기도는 하나님이 우리를 보시듯 우리가 우리 자신과 다른 사람들을 볼 수 있도록 돕는다. 기도는 급진적이다. 왜냐하면 기도는 하나님 안에서 우리 정체성의 가장 깊은 근원을 보여주기 때문이다. 기도를 통해서 우리는 하나님의 음성을 듣고 하나님의 말씀이 우리의 두려움과 저항을 꿰뚫고 들어오도록 허용한다. 그 결과, 우리는 하나님이 우리에게 가르치기 원하시는 것을 듣기 시작한다.

하나님이 우리에게 가르치기 원하시는 것은, 우리 인간의 정체성에서 가장 기초가 되는 진리이다. 그리고 그것은 우리가 무엇을 생각하거나 행하거나 성취하든지 간에, 우리가 돈을 많이 가지고 있든지 조금 가지고 있든지 간에 관계없이 우리 모두에게 적용되는 진리이다. "너는 내 사랑하는 아들이라. 너는 내가 사랑하는 딸이라. 내가 너를 기뻐하노라"(눅 3:22 참고).

이 진리가 우리에게 참되다고 말할 수 있다면, 또한 다른 모든 사람들에게도 이 진리가 참되다는 것을 알 수 있다. 하나님은 우리를 기뻐하시고 우리는 하나님의 사랑의 자유를 누리며 부자이든 가난한 사람이든 모두에게 자유롭게 손을 내밀 수 있다. 사람들이 우리가 요청하는 재정 후원에 대해 "예" 혹은 "아니요" 혹은 "글쎄요"라고 대답하는 것은, 우리에게 후히 주시는 하나님의 거룩한 곳에 우리 모두가 하나가 되어 모여 있다는 것을 깨닫는 것보다 중요하지 않다.

> 우리를 만들고 유지하고 인도하시는 하나님의 친밀한
> 사랑을 체험할수록, 우리는 그 사랑에서 나오는 수많
> 은 열매들을 더 많이 발견할 수 있다.
>
> _《두려움을 떠나 사랑의 집으로》_

우리의 기도가 하나님의 선하심을 언제나 인지하는 수준으로 깊어지면, 감사의 영이 우리 안에서 자란다. 감사는 우리가 누구이며 무엇을 소유하고 있느냐 하는 것이 받고 나누어야 할 선물이라는 깨달음에서 흘러나온다. 감사는 우리를 의무감에서 자유롭게 해주고 하나님나라의 사역을 위해 우리 자신을 기꺼이 그리고 고스란히 드릴 수 있도록 우리를 준비시킨다. 우리가 감사의 영으로 모금에 임하면, 우리는 하나님이 우리의 삶을 위해 가장 필요한 것들을 이미 풍성하게 주셨다는 것을 깨닫고 모금할 수 있다.

그러므로 우리의 사명과 비전에 대한 확신을 갖고 우리가 재정을 후원해달라고 요청하는 사람을 기꺼이

모금의 영성

사랑하는 것은, 기부할 사람의 대답과 관계없다. 감사는 모금 행사를 구걸하지 않고 진행하게 해주고, 분노하거나 낙심하지 않고 마칠 수 있도록 돕는다. 모금 행사에 오가며, 우리는 하나님나라를 마음으로 기뻐하고, 하나님의 사랑 속에서 안전히 거할 수 있다.

8

주의 나라가 임하소서

우리 자신의 제한적이고 매우 조건적인 사랑이
하나님의 무제한적이고 무조건적인 사랑의 관문으로
사용될 수 있도록 우리가 선택받은 것은 사역의 신비이다.
그러므로 참된 사역은 상호적이다.

-《예수님의 이름으로》

모금은 매우 풍성하고 아름다운 활동이다. 이것은 확고하고 기쁘고 소망 가득한 사역의 표현이다. 각자 자신이 소유한 부요함으로 서로 섬기면서, 우리는 하나님나라의 완전한 도래를 위해 함께 일한다.

사랑은 언제까지나
떨어지지 아니하되

(고전 13:8)

이 책에 인용된 헨리 나우웬의 글

Here and Now (1994), 83.《여기 지금 우리와 함께하시는 하나님》(은
성, 2013).

Making All Things New (1981), 57.《모든 것을 새롭게》(두란노, 2011).

¡Gracias! (1983), 50.《주님 감사합니다》(아침, 2006).

Bread for the Journey (1997), August 11.《영혼의 양식》(두란노, 2009).

Making All Things New (1981), 43.《모든 것을 새롭게》(두란노, 2011).

¡Gracias! (1983), 50.《주님 감사합니다》(아침, 2006).

Here and Now (1994), 53.《여기 지금 우리와 함께하시는 하나님》(은
성, 2013).

Here and Now (1994), 40.《여기 지금 우리와 함께하시는 하나님》(은
성, 2013).

Finding My Way Home (2001), 132.《영성에의 길》(두란노, 1996).

Reaching Out (1975), 16.《영적 발돋움》(두란노, 2007).

The Return of the Prodigal Son (1992), 122.《탕자의 귀향》(포이에마, 2009).

A Cry for Mercy (1981), 24.《긍휼을 구하는 기도》(포이에마, 2014).

Bread for the Journey (1997), July 6.《영혼의 양식》(두란노, 2009).

Bread for the Journey (1997), January 23.《영혼의 양식》(두란노, 2009).

Here and Now (1994), 44.《여기 지금 우리와 함께하시는 하나님》(은성, 2013).

Bread for the Journey (1997), May 1.《영혼의 양식》(두란노, 2009).

Bread for the Journey (1997), January 23.《영혼의 양식》(두란노, 2009).

Bread for the Journey (1997), June 10.《영혼의 양식》(두란노, 2009).

Lifesigns (1986), 70.《두려움을 떠나 사랑의 집으로》(포이에마, 2013).

In the Name of Jesus (1989), 44.《예수님의 이름으로》(두란노, 2008).

이 책의 가르침은 간결하지만 매우 강력하다. 모금에 대한 헨리의 통찰력을 한국 교회와 성도들이 접할 수 있는 기회를 얻게 되어 너무나 기쁘다. 타문화권 선교 사역과 국내의 다양한 사회복지 사역은 모금 사역에서 시작된다. 미래에 진짜 영적인 사역을 하기 위해 지금 잠시 어쩔 수 없이 현세적인 돈을 취급하는 것이 아니다. 헨리의 말처럼, 모금 자체가 영적이다.

모금에 관련된 정보가 거의 전무한 한국 교회와 선교계에 꼭 필요한 책이다. 마치 긴 가뭄 끝에 내리는 단비처럼! 모금에 대해 성경적으로 바르게 이해하려고 하는 선교사들은 꼭 읽어보아야 할 책이다. 사역을 위해 모금하는 것이지만 미안해하면서 말하는 경우도 있다.

왠지 모르게 구걸하는 것 같은 생각이 들어, 말 한마디 하지 못하는 이들도 있다. 거꾸로 기부자들은 하나님나라를 위해 헌금하지만, 왠지 물주가 된 듯한 느낌을 받기도 한다. 모금가이든지 기부자이든지 이 책에 담긴 헨리의 말에 귀 기울일 필요가 있다.

모금가와 기부자는 각기 가진 것이 다르고 필요한 것을 서로 가지고 있다. 헨리의 겸손한 글을 읽으며, 우리도 겸손을 배워 서로를 존중할 수 있기 바란다. 헨리의 확신에 찬 목소리를 들으며, 우리도 자신이 가진 것 너머에 계신 하나님을 믿는 믿음을 토대로 자신감을 가질 수 있기를 바란다. 우리가 겸손과 자존감을 가질 때, 진정한 협력을 할 수 있고 하나님의 나라가 확장될 것이다.

모금을 주제로 책을 쓰는 과정에서 참고 자료를 찾고 수집하던 중에 헨리 나우웬의 이 책을 발견했다. 바쁜 학기 중이지만, 지난 추석 연휴가 여호와의 이레처럼 길었던 덕에 번역에 집중할 수 있었다. 그리고 포이에마 편집부의 많은 수고로 이 책이 우리말로 나오게 되었다.